Recomendaciones de ¡Celebra Quién Eres!

"Quedé asombrado por la forma tan acertada y completa que el resultado de la evaluación me describió. El nivel de detalle y fiabilidad del reporte demostró que nuestra pequeña inversión de tiempo, esfuerzo y dinero valió la pena."
-Tom W., Inversiones en Gas y Petróleo

"El nivel de detalle y profundidad de entendimiento que obtuve con el resultado de mi Estilo de Percepción es mucho mayor – e inmediatamente útil – que el de cualquier otra evaluación que he completado. La diferencia es simplemente increíble."
-Flo B., Abogada

"Claramente, recuerdo dos momentos a lo largo de mi experiencia con este programa en que me dije "¡Wow!". El primero ocurrió el día en que repartieron nuestros resultados de la evaluación. Todos los gerentes que participaron se reunieron en una sala de conferencias. Cada uno recibimos nuestros resultados y se nos agrupó alrededor del cuarto de acuerdo con nuestro Estilo de Percepción. Me acuerdo pensar que, en mi grupo, estaban aquellas personas con quien siempre me he llevado bien. Cuando el instructor empezó a hablar sobre el grupo, las descripciones que usó fueron tan reales que no pude ignorarlas. Cuando dijo, "¡Ustedes eran esos estudiantes que se sentaban en clase pensando que sabían más que el profesor!" Este fue mi momento de decir "¡Wow!" Nunca había confiado este pensamiento con nadie más, aunque verdaderamente lo pensé durante la mayor parte de mis estudios. Era como si este tipo pudiera leer mi mente. Fue entonces cuando decidí que lo mejor que podría hacer es no descartar este programa. Ustedes se ganaron mi atención."
-Eric D., Director Administrativo

"¡Celebra Quién Eres! me proporcionó importante perspicacia sobre quien verdaderamente soy, lo cual sirvió para callar la parte de mi mente que permanentemente critica todo y empezar a poner atención. Mi momento "¡Wow!" ocurrió cuando me di cuenta de que para salir adelante necesitamos utilizar nuestras habilidades. Debemos entender nuestras debilidades, pero no nos debemos enfocar en ellas, pues esto es frustrante y contraproducente. Cuando me desempeñaba como reclutador de ejecutivos, decíamos que era imposible enseñarle a cantar a un cerdo pues frustra al maestro e irrita al cerdo".

-Jonathan C., Ventas y Relaciones Públicas

"¡Celebra Quién Eres! es más valioso que DiSC, Myers-Briggs, o Birkman porque se puede aplicar de forma inmediata y fácil."

-Jim C., Gerente de Comunicaciones

¡CELEBRA QUIEN ERES!

Reclame sus fortalezas, Transforme su vida

Metas
Estilo de Percepción

Lynda-Ross Vega
Gary M. Jordan, PhD

Traducción de Ricardo Alberto Vega García y Maria Elena Triviño Vega
Diseño de la portada del libro por Alejandro Martin – Bloom Design Agency

ISBN: 978-1-958087-19-0

Impreso en los Estados Unidos de América

Solicitud de permiso para hacer copias de cualquier parte de este libro se puede hacer a:
Vega Behavioral Consulting Ltd.
1540 Keller Parkway, Suite 108-324
Keller, TX 76248
(817) 379-9952

https://thepowerofyourperception.com/portada

¿Cree que su Estilo de Percepción™ es METAS?*

¡Entonces esta guía de acción fue creada especialmente para usted!

Prepárese para…

- Identificar las habilidades, dones y destrezas que son únicamente suyas.

- Aprender cómo potenciar sus fortalezas y aprovechar su potencial al máximo.

- Profundizar su autoconocimiento.

- Descubrir por qué interactúa fácilmente con algunas personas mientras que con otras siente que le desafían (y qué puede hacer al respecto).

Encontrará esta información en la guía *¡Celebra Quién Eres! – Estilo de Percepción llamado Metas!*

Este guía de acción va más allá de ayudarle a comprender su visión integral del mundo y su papel en él; está repleta de consejos prácticos y ejercicios sobre su Estilo de Percepción para ayudarle a convertir la información en algo REAL para usted.

Esta guía de acción es una versión impresa de los resultados en línea que recibirá al realizar la Evaluación del Estilo de Percepción™.

Proporciona una revisión detallada de las principales fortalezas específicas al Estilo de Percepción llamado Metas, según lo define la **Teoría del Estilo de Percepción™.**.

---

*Si aún no ha completado la Evaluación del Estilo de Percepción, por favor hágalo antes de comprar este libro.

Visite https://thepowerofyourperception.com/portada

Obtenga más información acerca de la teoría sobre los Estilos de Percepción™ en nuestro libro.

Disponible en Amazon.

Dedicado a
homenajear como usted es

y a nuestras familias y amistades
que celebran con nosotros

Tabla de Contenido

¡Bienvenido!

La vida es demasiado corta para no disfrutarla plenamente. Probablemente existan personas haciendo fila para decirle lo que debe hacer mejor y que si solo se esforzara más, pudiera mejorar y encontrar el éxito y la felicidad. Aunque es cierto que hacer su mejor esfuerzo y esforzarse por mejorar son metas admirables, el truco es asegurarse que se está enfocado en sus habilidades y talentos naturales ... no en los de otra persona.

Entonces, ¿cómo sabe cuáles son sus habilidades y talentos naturales?

La respuesta a esta pregunta es la base de nuestro trabajo y el catalizador de más de 40 años de investigación y desarrollo de programas para personas como usted. **El objetivo principal de esta guía de acción y de todos nuestros programas, es ayudarlo a identificar y usar sus habilidades y talentos naturales.**

El primer paso es entender cómo encaja en el mundo, cómo percibe el mundo que lo rodea y cómo esa percepción influye en sus acciones. El propósito de *¡Celebra Quién Eres!* es ayudarlo a explorar y reclamar los aspectos únicos de su percepción. A medida que lo haga, sus habilidades y potencial innato se expandirá. Sus habilidades innatas y su potencial se expandirán y fortalecerán a medida que reclame el Poder de su Percepción™.

Esta guía de acción está organizada en secciones que proporcionan información sobre aspectos específicos de la forma en que usted ve el mundo, seguidas de preguntas diseñadas para ayudarle a aplicar estos conocimientos. Una vez que comience a leer, es posible que desee apresurarse hasta el final: hay mucha información excelente. Le recomendamos que **se tome el tiempo para reflexionar sobre cada sección** y considerar las preguntas presentadas: su experiencia será más personal y significativa.

Estamos muy contentos de que haya elegido emprender este viaje con nosotros. Aprenderá cosas nuevas sobre usted mismo, validará cosas que innatamente sabe que son verdaderas y se sentirá verdaderamente contento al confirmar quién es y cuál es realmente su potencial.

¡Saludamos su éxito!

Lynda-Ross y Gary

Introducción

Su viaje para reclamar sus habilidades y darse cuenta plenamente del poder que su percepción aporta a sus habilidades y talentos naturales comienza con *¡Celebra Quién Eres!* – un proceso de descubrimiento enfocado en ayudarle a comprender su visión integral del mundo y su parte en él:

- entender aquello que verdaderamente hace bien,

- ser reconocido y apreciado por lo que es, y

- sentirse confiado con su expresión personal de sus habilidades naturales.

La clave para entenderse a sí mismo es entender su **Estilo de Percepción™ (Perceptual Style™).**

El Estilo de Percepción, es la forma en que toma la información a través de sus cinco sentidos y la hace significativa para usted.

Su Estilo de Percepción actúa como un filtro entre la sensación y la comprensión. Está en el centro de quién usted es, e impacta sus valores, creencias, sentimientos y psicología.

Usted posee uno de los seis distintivos Estilos de Percepción. Las decisiones que toma, las acciones que toma y las direcciones que elige están influenciadas por su Estilo de Percepción, porque este define la realidad para usted.

Su Estilo de Percepción es
Metas

Antes de revisar los detalles de su Estilo de Percepción

La evaluación de Estilo de Percepción que completó mide cuál de los seis Estilos de Percepción, describe la forma en que ve el mundo.

En las siguientes secciones de esta guía de acción, descubrirá la profundidad y riqueza de su Estilo de Percepción.

Encontrará una descripción general sobre la experiencia perceptiva de personas con quien comparte su estilo, al igual que detalles sobre las fortalezas y comportamientos específicos en diez habilidades críticas de la vida.

Recuerde que su Estilo de Percepción, no es solo un pasatiempo entretenido basado en conceptos psicológicos, sino una parte fundamental de quién usted es. Las decisiones y acciones que toma, al igual que las direcciones que elige, están influenciadas por su Estilo de Percepción. Su Estilo de Percepción define su realidad.

Su Estilo de Percepción es la base de todas sus fortalezas naturales, las habilidades con las que tiene el potencial de sobresalir verdaderamente con gracia y facilidad, debido a la forma en que ve y experimenta el mundo que lo rodea.

A medida que lea sobre cómo su Estilo de Percepción da forma a su enfoque en diversos aspectos de su vida, identificará las cosas que hace tan fácilmente que asume que todos tendrán la misma facilidad, pero ese no es el caso. ¡Son fortalezas características de su Estilo de Percepción!

También identificará habilidades que le parezcan nuevas. Estas son habilidades para las cuales tiene una capacidad innata debido a su Estilo de Percepción. Sin embargo, es posible que aún no haya tenido una razón para usarlas.

Encontrará que gran parte de la descripción del Estilo de Percepción, se adapta a usted cómodamente y validará su experiencia perceptiva.

Es importante tener en cuenta que es posible que no se relacione con todos los aspectos de su Estilo de Percepción, pero sabrá que es el suyo cuando el 80% o más de los detalles encajen.

A medida que lea esta guía de acción, esperamos que gane orgullo y confianza en las habilidades que puede reclamar fácilmente como suyas e identifique otras que le brinden nuevas posibilidades.

¡Comencemos!

Metas – Experiencia Perceptiva

Cada uno de los seis Estilos de Percepción entiende y experimenta el mundo de maneras fundamentalmente diferentes. Para entenderse a sí mismo, usted debe entender la naturaleza de su experiencia.

Con el Estilo de Percepción llamado Metas, usted percibe el mundo como una serie de tareas que deben ser completadas, otorgándoles la máxima prioridad.

Tiene éxito enfrentándose a los desafíos y oportunidades que plantean los problemas inmediatos que requieren solución y cree que hay una única manera correcta de resolverlos.

Visualiza un mundo de opciones claras y simples, con poca ambigüedad y sin matices grises. Sabe que la forma correcta es la más simple y directa. Cuando los asuntos centrales han sido abordados, considera que el problema está resuelto, relegando los detalles a un plano secundario y confiando en que se resolverán por sí mismos.

Desconfía de la complejidad, la sutileza y las soluciones que evolucionan lentamente con el tiempo. Considera que el mundo es difícil pero no complejo, y tiende a desestimar los matices y la sutileza.

Prefiere mantener las cosas simples para poder concentrarse en lo que realmente importa y cree que si un problema necesita una solución, no hay tiempo como el presente para resolverlo.

Aborda el mundo con una energía intensa y posee una alta resistencia que le permite esforzarse más allá del punto en que otros se habrían rendido.

Actúa con una intensidad personal y una urgencia constante, siempre ansioso por avanzar hacia la siguiente tarea, incluso antes de completar la actual. Lo que debe hacerse a continuación le parece obvio, y no comprende por qué los demás a su alrededor no lo ven y actúan en consecuencia.

Es muy orientado a los resultados y, como tal, prefiere enfocarse en alcanzar objetivos en los que pueda ver un progreso inmediato.

No siente lealtad hacia los procesos o métodos actuales y los abandonará rápidamente si percibe que el progreso hacia una solución se está desacelerando y estancando.

Impone altas demandas de rendimiento a los demás, pero nunca más allá de lo que exige de sí mismo.

Percibe desafíos, oportunidades, recursos y obstáculos a su alrededor, y cada uno de ellos se convierte en un objetivo que está decidido a conquistar.

La vida es una competencia, y si no puede encontrar a otro competidor digno, competirá consigo mismo para ver hasta dónde puede llevar su velocidad, cuota y resistencia.

Se mantiene preparado para cualquier desafío, pues comprende que la vida implica riesgos, y solo aquellos que estén bien preparados y sean fuertes alcanzarán el éxito.

Establece metas a corto plazo tanto en su vida personal como profesional. Considera que estas metas son marcadores que le permiten medir su progreso en la vida.

Situaciones que carecen de metas le generan incomodidad, ya que carecen de una dirección clara, lo que le provoca incertidumbre sobre qué hacer y cómo evaluar su avance.

Si bien dirige su mirada hacia el futuro, son los objetivos prácticos a corto plazo los que captan su atención, ya que considera que son difíciles de evaluar y, por lo tanto, más relevantes que visiones vagas y grandiosas.

Su comportamiento es decidido y eficaz en situaciones de crisis, logrando establecer estructura en medio del caos.

Su enfoque centrado le permite identificar con rapidez los problemas fundamentales en situaciones problemáticas, determinar la tarea más importante y priorizar los pasos necesarios para alcanzar sus objetivos.

Otros suelen recurrir a usted en momentos de incertidumbre, y su disposición para actuar y asumir responsabilidades le otorga influencia y genera respeto.

Su **Estilo de Percepción** llamado **Metas** es la razón por la cual usted:

- emite juicios, opiniones e hipótesis instantáneas.

- demuestra una perseverancia implacable en la búsqueda de objetivos.

- mantiene niveles elevados de productividad aun cuando trabaja en entornos de alta presión.

- ignora sus propios sentimientos y necesidades para llevar a cabo sus tareas.

- se enfoca en objetivos prácticos a corto plazo en lugar de aspiraciones vagas a largo plazo.

- descubre oportunidades y problemas mediante la participación directa en las tareas en curso.

- mantiene la concentración en entornos intensos.

- no tiene problemas trabajando bien cuando se enfrenta a plazos.

- respalda sus decisiones con acciones.

- está orientado a obtener resultados.

- no tolera la ambigüedad.

- distingue entre lo fundamental y lo que no lo es.

- busca y recopila la información deseada de manera decidida.

- toma decisiones claras de manera rápida basándose en la información disponible.

- expresa sus valores de manera clara y abierta.

- asume la responsabilidad de su propio bienestar y éxito.

- se destaca en el establecimiento de prioridades entre tareas, indicando las razones para ellas y ocupándose primero de las más importantes.

- evita involucrarse innecesariamente en un tema o persona en particular.

Reflexión sobre la Experiencia Perceptiva

No es inusual reaccionar a la introducción inicial de su Estilo de Percepción con sentimientos de orgullo ("sí, lo hago bien"), un sentido de validación ("ahora que lo mencionas, ¡lo hago!") y algunas sorpresas ("¿en serio?").

A continuación, presentamos algunos ejemplos que lo ayudarán a reconocer cómo se refleja su Estilo de Percepción llamado Metas en las cosas que hace.

- Describa una situación en la que trabajó bien bajo presión o en una crisis. ¿Cuáles de los atributos enumerados en la sección titulada *Experiencia Perceptiva* contribuyeron a su éxito?

- ¿Cuándo fue la última vez que utilizó la competencia en su beneficio? Describa la situación y cómo la competencia ayudó.

- ¿Cuáles de las habilidades enumeradas en la sección titulada *Experiencia Perceptiva* utiliza diariamente?

Adaptabilidad:
su respuesta a los cambios

El cambio es constante; es parte de su vida cotidiana. Hay cambios en el clima, la economía, las relaciones, las situaciones laborales, etc. El solo vivir cada día y envejecer trae cambios.

Algunos cambios son sorpresas, algunos cambios usted inicia, y algunos cambios simplemente parecen inevitables.

Es por eso que la adaptabilidad es una habilidad crítica para la vida.

La adaptabilidad se define, como la capacidad de adaptarse a nuevas condiciones o circunstancias. El aprovechar sus fortalezas relacionadas con su adaptabilidad, puede significar la diferencia entre la preocupación excesiva y el estrés frente a lidiar con los cambios en sus términos.

No existe una sola forma de ser adaptable. La verdadera clave de la adaptabilidad es saber qué es cómodo para uno mismo y cómo establecer ese nivel de confort con los cambios en su vida.

Las habilidades naturales que apoyan su adaptabilidad son esenciales para ayudarlo a comprender sus reacciones y niveles de tolerancia para cosas como:

- planificación

- toma de decisiones

- entornos caóticos

- estructura

- ambigüedad

- espontaneidad

- resolución de problemas

El adoptar sus habilidades de adaptabilidad, lo ayudará a elegir entornos de trabajo, relaciones y situaciones sociales donde prosperará y evitará aquellos que lo arrastrarán hacia abajo.

Con el Estilo de Percepción llamado Metas, usted es un defensor del cambio.

Se siente estimulado por el desafío inherente a encontrar nuevas formas de hacer las cosas.

Se aburre rápidamente con la repetición y la rutina, ya que las experimenta como carentes de desafío.

Modificará, replanteará y reformará por completo procesos que funcionen bien simplemente porque los considera obsoletos o estancados.

Disfruta enfrentándose a los desafíos del cambio de manera directa y de lograr con éxito los resultados que sabe que son correctos.

Se involucra con entusiasmo a medida que surgen nuevos desafíos y situaciones.

Se impulsa a sí mismo y a quienes le rodean a dar pasos continuos hacia el futuro inmediato con propósito, dirección y plena aceptación de los cambios involucrados.

Obtiene gran satisfacción al crear estructura a partir de la agitación causada por el cambio y estará dispuesto a iniciar cambios para ejercitar esta habilidad.

Adaptabilidad:

Su Estilo de Percepción llamado Metas es la razón por la cual usted:

- promueve y lleva a cabo cambios significativos.

- cambia de dirección y se da por vencido rápidamente en caso de fracasos para lograr los resultados deseados.

- tiene claridad sobre lo que debería ser el futuro inmediato.

- se aburre con el statu quo.

- le gusta traer estructura al caos del cambio.

- exige un sentido de avance constante.

- disfruta del cambio debido a los desafíos que plantea y las oportunidades que crea.

- inicia el cambio como respuesta para resolver problemas actuales.

- introduce cambios rápidamente cuando su imaginación está involucrada.

- ve en el cambio una herramienta para el éxito.

Reflexión sobre la Adaptabilidad

A continuación, presentamos algunos ejemplos que lo ayudarán a reconocer cómo se refleja su Estilo de Percepción llamado Metas en sus habilidades de adaptabilidad:

- Describa una situación reciente en la que ha iniciado un cambio.

- ¿Cómo convenció a otros de la razón del cambio?

- Describa una situación en la que estableció estructura en medio del caos. ¿Qué atributos y habilidades enumerados en la sección titulada *Cambio* utilizó?

Colaboración:
trabajo en equipo y cooperación

Interactuar en cooperación con otros, es una parte fundamental de la vida, y es un ingrediente crítico para las familias, amistades, actividades escolares y los entornos laborales y sociales. Prácticamente todos los aspectos de su vida son una oportunidad para la colaboración.

Muchos estudios en psicología y sociología demuestran la realidad que los seres humanos se marchitan en aislamiento y prosperan en comunidad. El dicho: "Ningún hombre es una isla", es cierto. Solos flaqueamos; juntos, podemos ver y lograr mucho más.

Como seres humanos, estamos programados para buscar comunidad, conectarnos con otros seres humanos y pertenecer. Sentirse conectado con los demás mejora nuestra salud física y bienestar mental y emocional.

La colaboración es el núcleo de la participación en la comunidad, ya sea que esa comunidad sea su familia, lugar de trabajo, amistades u otros grupos de personas.

Sin embargo, la colaboración puede ser muy desafiante porque debemos tratar con personas que ven las cosas de manera diferente a nosotros y que poseen diferentes habilidades y debilidades.

Con el **Estilo de Percepción** llamado **Metas**, usted valora su independencia y participa en colaboraciones cuando existe un propósito específico y un beneficio claro.

No es muy probable que se una a equipos como "solo uno de los miembros", ya que rápidamente aporta su opinión y busca oportunidades para liderar.

Organiza y dirige a otros para lograr las tareas que considera correctas.

Es hábil para identificar quiénes poseen los talentos necesarios para cumplir un plan específico y los recluta para que se unan a usted.

Organiza equipos para funciones específicas y los disuelve rápidamente cuando se han alcanzado sus objetivos.

Se siente cómodo con la agitación emocional dentro de un grupo y tiene habilidades para aprovechar un ambiente de insatisfacción y conflicto para crear competencia interna que impulse a cada miembro a producir a niveles altos.

Aunque es inflexible en sus expectativas, es generoso con el elogio y las recompensas por el éxito y las contribuciones individuales.

Fácilmente expresa orgullo en los resultados de la colaboración y comparte voluntariamente el reconocimiento por los logros.

Su **Estilo de Percepción** llamado **Metas** es la razón por la cual usted:

- unifica a otros en torno a un propósito común.

- percibe a los demás en el contexto del "juego" como rivales, colaboradores o compañeros de equipo.

- exige que la cantidad de trabajo producido por el grupo esté cerca del máximo y que los miembros trabajen al máximo de su potencial.

- dirige a un equipo en la búsqueda de objetivos y proyectos.

- se desempeña como el disciplinario del equipo.

- reemplaza rápidamente a los miembros del equipo cuando no estén haciendo adecuadamente sus trabajos.

- reconoce y recompensa a los miembros del equipo por sus contribuciones.

- identifica y recluta a personas con las habilidades que el equipo necesita.

Reflexión sobre la Colaboración

A continuación, presentamos algunos ejemplos que lo ayudarán a reconocer cómo se refleja su Estilo de Percepción llamado Metas en sus habilidades de colaboración:

- Enumere los atributos descritos en la sección titulada *Colaboración* que reconoce en su propio comportamiento cuando forma parte de una comunidad o equipo.

- ¿Cuáles son las habilidades más fuertes que aporta a la colaboración y el trabajo en equipo?

- Describa una situación que demuestre su uso de estas habilidades.

Comunicación:
hablar, escribir y escuchar

La comunicación es la acción fundamental que une o separa a las personas.

Todos queremos que nos entiendan. Por lo tanto, buscamos las palabras y el tono correctos para transmitir nuestro mensaje. A menudo no reconocemos que cada uno de nosotros tenemos nuestro propio filtro de comunicación y, debido a ese filtro, lo que queremos decir no siempre es lo que otros escuchan y viceversa.

Las desconexiones en la comunicación nos suceden a todos. No es una indicación que nosotros o las otras personas estemos cortos de inteligencia. Tampoco quiere decir que usted no este poniendo atención o tratando de establecer una conexión. La realidad es que las palabras que elige, el significado que pretende y los desencadenantes de eventos que escucha están influenciados por su Estilo de Percepción.

Las palabras son un código que ponemos en nuestros pensamientos e ideas con el fin de comunicar nuestra intención y significado a los demás. El código que usa a diario para hablar, escribir y escuchar depende en gran medida de cómo percibe el mundo.

En el centro de su comunicación está su **Estilo de Percepción** llamado **Metas**.

La forma en que ve el mundo y lo hace significativo para usted, está directamente relacionado con su manera de expresarse y escuchar.

Usted es un comunicador fuerte y seguro. Habla con claridad y con firmeza en sus opiniones.

Tiene claridad sobre hacia dónde se dirige y cree que los demás deberían estar de acuerdo con su dirección y ser igualmente inequívocos.

Comunicación:

Para usted, llegar a conclusiones que respalden una dirección clara y una acción decisiva es el punto central de la comunicación.

Se siente cómodo dando órdenes y brindando dirección. Ofrece consejos no solicitados y respuestas seguras con voluntad.

Toma decisiones en forma casi instantánea y cambia de táctica rápidamente en función de la nueva información relevante que recopila en sus conversaciones.

Disfruta del debate y se relaciona con otros como adversarios para estimular la argumentación.

No está interesado en discusiones largas ni en dejar problemas sin resolver.

Interactúa con otros con un propósito específico y no dedica mucho tiempo a las cortesías sociales, aparte de los buenos modales.

Argumenta de manera convincente y utiliza su estilo articulado y audaz para persuadir a otros con la fuerza de su convicción.

Tiene creencias sólidas sobre cómo deberían funcionar las cosas y promueve la "mejor" manera de lograrlo.

Es un oyente enfocado y busca hechos en una conversación en lugar de un contexto personal o social.

Frecuentemente interrumpe a otro hablante para pedir aclaraciones y exigir hechos que respalden la opinión, el punto clave o la conclusión del hablante.

Su estilo de escritura es breve, directo al punto y captura solo la información necesaria para proporcionar los aspectos esenciales.

Su **Estilo de Percepción** llamado **Metas** es la razón por la cual usted:

- se comunica con convicción y claridad.

- presenta información de manera enfocada y clara.

- arguye de manera convincente y lógica a favor de una posición específica.

- evita charlas innecesarias y cortesías sociales.

- disfruta del debate y ve esas interacciones como oportunidades para convencer y mejorar sus argumentos.

- puede caer en la arrogancia sin intención ni conciencia.

- es explícito y conciso al escribir.

- es un oyente atento durante períodos breves.

- no reconoce fácilmente diferentes puntos de vista.

Reflexión sobre la Comunicación

A continuación, presentamos algunos ejemplos que lo ayudarán a reconocer cómo se refleja su Estilo de Percepción llamado Metas en sus habilidades de comunicación:

- Describa una interacción reciente en la que usted dio instrucciones a alguien sobre qué hacer. ¿Qué atributos y habilidades mencionados en la sección titulada *Comunicación* utilizó?

- Las opiniones le surgen con facilidad. ¿Cómo las expresa a los demás? ¿Qué atributos y habilidades mencionados en la sección titulada *Comunicación* contribuyen a su enfoque?

- Describa una situación en la que se encontró dejando de escuchar a alguien. ¿Cuáles fueron las condiciones que provocaron su reacción?

Conflicto:
como lidiar con la oposición
y el desacuerdo

Uno pensaría que los seres humanos, dada su necesidad de establecer comunidad, hubieran encontrado una solución al conflicto interpersonal hace muchos años.

Hubiera sido maravilloso, pero desafortunadamente el conflicto interpersonal es un resultado natural de la interacción humana. Las personas ven el mundo de manera diferente, tienen distintos valores y expectativas, y no siempre comparten los mismos objetivos o posibilidades.

Como seres humanos, todos deseamos pertenecer a algo, que se nos valore y que le agrademos a los otros. Si partimos de la suposición, que otras personas tienen buenas intenciones y no están tratando de irritarnos o insultarnos, es más fácil darnos cuenta que simplemente ellos no ven la situación de la misma manera que nosotros (lo más probable es que tengan un Estilo de Percepción diferente).

Al tener en cuenta este concepto, se suaviza el dolor de las desconexiones. No es personal; es una perspectiva diferente.

El tener conflicto en su vida es inevitable. Ya sea que los conflictos sean menores o graves, usted posee habilidades naturales para ayudarlo a lidiar eficazmente con la oposición y el desacuerdo.

Con el **Estilo de Percepción** llamado **Metas**, usted prevalece en la competencia y ve el conflicto como una forma de ponerse a prueba frente a otros.

Usted cree que la vida es una lucha constante con ganadores y perdedores.

Conflicto:

Se enfrenta el conflicto directamente con la intención de derrotar a la oposición y cree que la resolución de conflictos ocurre cuando un lado emerge victorioso.

Utiliza el conflicto para movilizar a otros hacia su causa, sacar a relucir habilidades y esfuerzos no reconocidos y presionar a las personas para lograr niveles más altos de logros y productividad.

Es un excelente gestor de crisis que puede mantener una perspectiva clara y tranquila mientras moviliza y dirige el esfuerzo de los demás.

Responde a la resistencia con mayor determinación y resolución.

Puede perder de vista las ramificaciones para los demás debido a su compromiso implacable de ganar.

Es un especialista para el diagnóstico que puede identificar problemas inherentes en un conflicto, determinar rápidamente qué es importante y qué no lo es, y recomendar una solución inmediata.

Su **Estilo de Percepción** llamado **Metas** es la razón por la cual usted:

- enfrenta el conflicto con confianza y determinación.

- inicia la competencia para involucrar a la oposición.

- confronta a otros sobre problemas.

- cree que solo los fuertes sobreviven y que el conflicto determina quiénes son los fuertes.

- disfruta de la competencia.

- no puede ser fácilmente intimidado.

- acepta el conflicto como inevitable y útil.

- puede ser dominante, mandón y dictatorial.

- se vuelve más enfocado cuando se encuentra bloqueado, frustrado por contra-
tiempos o enfrenta oposición.

- adopta una determinación inquebrantable bajo la frustración.

Reflexión sobre el Conflicto

A continuación, presentamos algunos ejemplos que lo ayudarán a reconocer cómo se refleja su Estilo de Percepción llamado Metas en la forma en que se enfrenta al conflicto:

- Describa un conflicto entre otras personas que se le pidió ayudara a resolver. ¿Qué habilidades enumeradas en la sección titulada *Conflicto* usó?

- ¿Cuándo fue la última vez que estuvo personalmente involucrado en un conflicto? ¿Cuáles fueron los resultados?

Liderazgo:
inspirar y guiar a otros

Básicamente, el Liderazgo se define como inspirar y guiar a un grupo de personas para lograr un objetivo común. En esencia, el liderazgo combina el arte y la ciencia para atraer seguidores, señalar una dirección y luego guiar e influir en sus seguidores para lograr los objetivos.

Muchos tratarán de convencerlo que existe una sola forma para ser un líder efectivo. O que, si usted no es una persona naturalmente extrovertida, autoritaria o visionaria, no podrá ser un líder efectivo. Simplemente esto no es cierto. El verdadero éxito de un líder ocurre de adentro hacia afuera - usando sus habilidades naturales para guiar e inspirar a otros a lograr grandes éxitos.

Todo el mundo tiene la capacidad de ser un líder eficaz, incluso excepcional. No existe un solo conjunto de rasgos o comportamientos que garanticen el éxito. Existe SU manera de ser un líder, basada en sus habilidades naturales.

Con el **Estilo de Percepción** llamado **Metas**, usted es un líder audaz y valiente.

Su acción decisiva establece nuevas direcciones y sigue un camino seguro hacia objetivos definidos.

Su liderazgo inspira a sus seguidores al servir como un modelo de trabajo duro y productividad.

Siempre tiene claro a dónde va y muestra una perseverancia incansable en la búsqueda de objetivos a corto plazo.

Liderazgo:

Está dispuesto a tomar decisiones rápidas y actuar de manera asertiva y segura para aprovechar las oportunidades.

No comparte fácilmente el mando porque está convencido de que conoce la mejor manera de enfrentar cualquier situación.

Acepta el debate como una forma de descubrir maneras de mejorar y perfeccionar soluciones y cursos de acción que ya ha decidido.

Establece una dirección, define metas y las comunica de manera directa, sencilla y franca.

Proporciona a sus seguidores instrucciones claras y sin ambigüedades, así como expectativas inequívocas sobre el compromiso.

Es un comandante riguroso que atrae a seguidores con un estilo dominante que proporciona dirección y acción práctica durante el caos y las crisis.

Exige un alto rendimiento a los demás, pero nunca más de lo que se exige a sí mismo.

Su enfoque audaz fortalece la moral, la motivación y una actitud de 'sí se puede' en sus seguidores.

Aunque exigente y enfocado, es leal con aquellos que cumplen con sus estándares.

Su **Estilo de Percepción** llamado **Metas** es la razón por la cual usted:

- se siente cómodo tomando decisiones o llegando a conclusiones sobre asuntos que requieren una acción específica.

- toma decisiones impopulares con confianza.

- descubre y hace lo que debe hacerse y que nadie más está haciendo.

- sabe lo que es importante.

- evalúa las ideas sobre las cosas que deben hacerse en función de sus méritos y no de la política o las personalidades.

- propone planes que son inesperados pero factibles.

- describe los objetivos de manera que otros vean la conexión con su propio interés.

- actúa con valentía ante la adversidad para alentar a los demás.

- aumenta su poder siempre que sea posible.

- toma decisiones difíciles, eligiendo entre reclamos en competencia.

- es reconocido por su capacidad para asumir un papel de liderazgo.

Reflexión sobre el Liderazgo

A continuación, presentamos algunos ejemplos que lo ayudarán a reconocer cómo se refleja su Estilo de Percepción llamado Metas en la forma como enfoca el Liderazgo:

- Enumere los atributos descritos en la sección titulada *Liderazgo* que reconoce en su propio comportamiento.

- ¿Cuáles son sus habilidades más fuertes de liderazgo?

- Describa una situación que demuestre su uso de estas habilidades.

Aprendizaje: adquisición de nuevos conocimientos y habilidades

El aprendizaje, cuando somos adultos es una experiencia completamente diferente a cuando somos niños. Específicamente el hecho que como adultos el proceso es mucho más autodirigido.

Como niño, uno aprende porque nuestros padres y maestros nos ordenan a hacerlo, y ellos califican y monitorean nuestro progreso.

Como adulto, es más probable que se dedique a estudiar por una razón particular, como el conocimiento y las habilidades relacionadas con su trabajo o autodesarrollo personal. Y es más probable que elija temas que tengan un impacto inmediato en su vida cotidiana o laboral.

Un aspecto del aprendizaje que no cambia con el tiempo es su preferencia por la forma cómo se le presente la información. Hay tres métodos generales de aprendizaje:

- Visual (imágenes, gráficos, palabra escrita),

- Auditivo (historias, canciones, discusiones), y

- Kinestésico (experiencial, actividades, juegos de rol).

Debido a su Estilo de Percepción, usted responde a los tres métodos de aprendizaje, pero prefiere una combinación única de estos para maximizar su conocimiento y crecimiento.

Aprendizaje:

Con el Estilo de Percepción llamado Metas, adopta un enfoque activo para el aprendizaje.

Toma medidas, comete errores, toma decisiones sobre lo que sucedió, cambia tácticas y lo intenta de nuevo.

Crea modelos conceptuales para dar cuenta de sus resultados a medida que avanza.

Se esfuerza por resolver problemas y cuestiones.

Busca activamente nuevos conocimientos para comprender, solucionar o resolver un dilema inmediato.

Cuando se centra en un tema específico, es un aprendiz voraz y busca adquirir la mayor cantidad de conocimientos posible.

Aborda el aprendizaje con una actitud directa y enfocada.

No tiene interés en el proceso de aprendizaje y se enfoca en la posesión del conocimiento.

Encuentra insoportable el aprendizaje detallado, no aplicado, teórico y paso a paso.

Su Estilo de Percepción llamado Metas es la razón por la cual usted:

- toma acciones inmediatas y directas.

- disfruta adquirir nuevas habilidades y conocimientos.

- busca oportunidades para explorar y ampliar su gama de experiencia.

- resuelve los problemas necesarios para alcanzar sus objetivos.

- encuentra tediosas las instrucciones detalladas y a menudo las ignora.

- construye modelos conceptuales sencillos para explicar sus resultados.

- prefiere la experiencia práctica, complementada con breves resúmenes de información esencial.

- hace muchas preguntas y asimila la información a partir de respuestas inmediatas y específicas.

Reflexión sobre el Aprendizaje

A continuación, presentamos algunos ejemplos que lo ayudarán a reconocer cómo se refleja su Estilo de Percepción llamado Metas en la forma como enfoca el aprendizaje:

- Identifique algo que recientemente se propuso a aprender ¿Cómo implementó el proceso de aprendizaje?

- Describa la experiencia de aprendizaje formal más agradable que haya tenido.

- ¿Cómo se comparan estas dos experiencias de aprendizaje que acaba de describir? ¿Qué habilidades enumeradas en la sección titulada *Aprendizaje* usó en cada una?

Persuasión:
convencer a los demás

La persuasión es el acto de convencer a otros que estén de acuerdo con su punto de vista, adopten una perspectiva particular o tomen un curso de acción que usted sugiera. Es el proceso de presentar información y razones que motivan o cambian el pensamiento de otra persona.

La retórica - el arte de la persuasión -, ha sido estudiada y discutida durante miles de años por personas como Platón y Aristóteles, entre muchos otros. A Aristóteles se le atribuye generalmente la creación de los pilares fundamentales de la retórica en su tratado Retórica, publicado alrededor del año 330 AEC.

Con toda esa historia, es inevitable que ambas palabras, "retórica" y "persuasión", tengan connotaciones positivas y negativas. Al igual que la palabra "ventas", pensamos en la persuasión como positiva cuando las intenciones y los resultados son positivos para ambas partes y negativos cuando las intenciones son manipuladoras y los resultados no son del mejor interés de la otra persona.

En esta sección, nuestro enfoque será específicamente relacionado en las habilidades positivas y esenciales relacionadas con la persuasión. Estas habilidades le ayudan a interactuar de manera efectiva con otros en casa y en el trabajo. ¡Imagínese cómo sería planificar unas vacaciones familiares si no tuviera habilidades de persuasión!

Con el **Estilo de Percepción** llamado **Metas**, usted persuade de manera audaz y directa.

Cree que el poder de su presentación asegurará un acuerdo.

Persuasión:

Se impacienta con las personas que requieren evidencia detallada y elaborada y es probable que las desestime y siga adelante.

Toma el control en los primeros momentos de una conversación para captar la atención de las personas.

Utiliza resúmenes frecuentes y conclusiones específicas basadas en su experiencia para persuadir.

Disfruta del desafío de la persuasión y trabaja intensamente para convencer a las personas de su forma de pensar.

Ejerce el control de una situación a través de la persuasión en lugar de la autoridad formal.

Establece lealtad a los objetivos compartidos y obtiene el compromiso de los demás para mantenerse enfocados en los resultados deseados.

Expone su posición de manera firme, clara y sin disculpas.

Superar las objeciones a su punto de vista de manera asertiva y con el poder de su convicción.

Se esfuerza por proporcionar respuestas, ideas y soluciones rápidas a problemas inmediatos.

Su **Estilo de Percepción** llamado **Metas** es la razón por la cual usted:

- saca conclusiones específicas de una discusión en lugar de dejarla en la ambigüedad.

- guía a otros a tomar decisiones rápidas.

- presenta de manera asertiva y con confianza.

- prevalece en el desafío de convencer a los demás.

- descarta un tema cuando ganar su punto está tomando demasiado tiempo.

- explica situaciones complejas de manera sencilla.

- sabe que siempre hay una única respuesta correcta.

- ajusta sus tácticas rápidamente cuando no está obteniendo lo que desea.

Reflexión sobre la Persuasión

A continuación, presentamos algunos ejemplos que lo ayudarán a reconocer cómo se refleja su Estilo de Percepción *llamado* Metas *en la forma como enfoca la persuasión:*

- Describa una interacción reciente en la que persuadió, convenció o le vendió algo a otra persona. ¿Qué habilidades enumeradas en la sección titulada *Persuasión* usó?

- Describa una situación en la que se impacientó con alguien que requería demasiados detalles. ¿Cómo procedió?

- Describa una situación en la que tuvo que lidiar con alguien que tomó una decisión basada en emociones. ¿Cómo respondió?

Automotivación: crear un incentivo personal para la acción

En su forma más simple, la automotivación es la capacidad de convencerse a hacer algo. Desarrollar entusiasmo personal e inspiración para tomar acción.

La automotivación es el catalizador de las metas que establece para sí mismo. Ella desarrolla su deseo de lograr sus metas, establece su compromiso con la acción y le ayuda a superar su miedo a lo desconocido o al fracaso.

La automotivación es una habilidad crítica porque le mantiene poniendo un pie delante del otro cada día de su vida.

Hay cosas que usted quiere hacer dependiendo del nivel de satisfacción que espera recibir cuando las haga. Divertirse es un gran ejemplo.

Y hay cosas que debe hacer para lograr algo tangible como el dinero u otras cosas, o intangible como el control o el estatus. Ir a trabajar es un buen ejemplo.

La automotivación es lo que le impulsa a la acción tanto por lo que quiere hacer como por lo que necesita hacer.

Con el Estilo de Percepción llamado Metas, usted se encuentra motivado por la oportunidad de estar al mando de usted mismo, de los demás y del entorno.

Es impulsado por tener el control y determinar su propia dirección.

Prospera en desafíos audaces que lo llevan al límite de su energía y resistencia.

Automotivación:

Celebra el logro de objetivos aparentemente imposibles a través de esfuerzos heroicos personales.

Por encima de todo, desea estar a cargo de su vida y la dirección que esta toma.

Las personas que percibe como débiles, resistentes o que ponen excusas y se quejan lo desmotivan.

Se retira cuando se enfrenta a entornos ambiguos o rutinario.

Tiene un fuerte enfoque en los resultados y prefiere centrarse en lograr objetivos en los que pueda ver un progreso inmediato.

Las oportunidades para la competencia o para crear cambios y agitar las cosas lo ayudan a concentrarse y tomar el mando.

Usted ve el mundo como una lucha continua con ganadores y perdedores, y está decidido a ganar.

Su **Estilo de Percepción** llamado **Metas** es la razón por la cual usted:

- le gusta sumergirse en la acción intensa y la resolución de problemas.

- desea ser reconocido por su energía, resistencia personal y capacidad para actuar con decisión.

- se retira cuando no puede controlar o dominar una situación.

- prevalece en los desafíos y oportunidades planteados por problemas inmediatos que necesitan solución.

- disfruta de dirigir a los demás y sacar lo mejor de ellos.

- necesita que su fuerza, determinación y espíritu competitivo se pongan en juego y se utilicen.

- crea plazos arbitrarios para impulsarse a niveles más altos de logro.

- valora la disciplina, el enfoque y el logro.

Reflexión sobre la Automotivación

A continuación, presentamos algunos ejemplos que lo ayudarán a reconocer cómo se refleja su Estilo de Percepción llamado Metas en la forma como enfoca la automotivación:

- Describa la última vez que estaba realmente entusiasmado por hacer algo.

- ¿Qué parte de la situación anticipó más?

- ¿Cuál fue el aspecto más agradable del evento en sí?

- ¿Cómo se correlaciona la experiencia que describió con los atributos y habilidades enumerados en la sección titulada *Automotivación*?

Interacción Social:
entornos y situaciones preferidas

La interacción social describe a dos o más personas que establecen conexión mediante conversación. Puede ser tan corto y directo como decir "Hola" a alguien en la línea de pago y recibir una respuesta del mismo modo, o también puede ser tan complejo como una reunión de las Naciones Unidas.

La ciencia ha demostrado que la interacción social es de vital importancia para su salud mental y física. Los estudios han señalado que las personas que tienen relaciones satisfactorias con los demás (familiares, amistades, compañeros de trabajo, etc.) son más felices y saludables, mientras que aquellas con ausencia de interacción social, tienen una vida más corta. ¡uyy!

La interacción social es obviamente esencial en su vida. Lo que también es interesante es que prosperará en algunas situaciones sociales y entornos, pero será miserable en otras debido a su Estilo de Percepción.

Con el **Estilo de Percepción** llamado **Metas**, disfruta de ambientes y situaciones que tengan propósito.

Le gusta interactuar en grupos pequeños donde pueda entablar conversaciones uno a uno sobre temas sustanciales y con propósito.

No le gusta la charla trivial y no está interesado en intercambiar cortesías sociales, excepto por las buenas normas básicas.

Prefiere situaciones sociales donde pueda socializar mientras compite en juegos, ya sean juegos de mesa, juegos al aire libre, deportes, etc.

Encuentra que las multitudes grandes son sofocantes ya que limitan el compromiso directo.

Interacción Social:

Disfruta de entornos laborales exigentes y desafiantes, llenos de problemas que deben resolverse, trabajo por hacer y decisiones que deben tomarse.

Es más productivo cuando el entorno permite una acción enérgica, un esfuerzo vigoroso y soluciones audaces.

Prefiere entornos donde pueda establecer objetivos claros, fijar nuevas direcciones y presionarse a sí mismo y a otros para lograr altos niveles de logro.

Prospera en entornos orientados a resultados, sin ambigüedades, competitivos y que respalden los esfuerzos heroicos individuales.

Encuentra irritantes o intolerables los entornos excesivamente complejos, burocráticos y rutinarios.

La interacción social es importante para usted porque le proporciona competidores y es más gratificante competir contra otros que competir contra usted mismo (lo cual hará en caso de necesidad).

Su **Estilo de Percepción** llamado **Metas** es la razón por la cual usted:

- le gustan las situaciones que exigen un esfuerzo vigoroso.

- necesita oportunidades que exijan responsabilidad.

- desconfía de la complejidad y la ambigüedad.

- valora los beneficios de la competencia, evaluando sus fortalezas y debilidades, presionándose a sí mismo, manteniéndose alerta, siendo creativo, aumentando la productividad y logrando una mayor calidad.

- se aburre con situaciones altamente estructuradas y rutinarias.

- prefiere las interacciones uno a uno.

- cree que solo los fuertes sobreviven.

- encuentra significado en la acción con propósito.

Reflexión sobre la Interacción Social

A continuación, presentamos algunos ejemplos que lo ayudarán a reconocer cómo se refleja su Estilo de Percepción *llamado* Metas *en la forma como enfoca la interacción social:*

- Haga una lista de algunas de las cosas que disfruta haciendo con otras personas.

- ¿De los atributos descritos en la sección titulada *Interacción Social,* cuales son comunes dentro la lista que creó anteriormente?

- Describa una situación en la que se haya sentido irritado por la complejidad innecesaria o la burocracia. ¿Qué hizo?

Orientación del Tiempo: perspectiva sobre el pasado, presente y futuro

La orientación del tiempo describe, cómo sus pensamientos, sentimientos y comportamientos, están influenciados por su perspectiva del tiempo.

La orientación del tiempo proporciona un marco para organizar sus experiencias en tres categorías: pasado, presente y futuro, y determinar el énfasis relativo que pone en cada una de estas categorías del tiempo.

Debido a su Estilo de Percepción, usted tiene una perspectiva específica sobre cómo se relaciona con el pasado, presente y futuro.

La orientación del tiempo es un factor importante en las diferencias de opinión entre usted y otras personas sobre lo que es importante. Esta no es obvia, pero influye profundamente en sus valores y sus decisiones sobre lo que debe ser atendido.

Inclinarse hacia una categoría del tiempo, no significa que esté atrapado allí. Es simplemente el marco de referencia con el que comienza.

Por ejemplo, algunos Estilos de Percepción se inclinan hacia el pasado (valoran las lecciones aprendidas, la experiencia y las tradiciones). Unos se inclinan hacia el presente (lo que está sucediendo ahora). Y otros se inclinan hacia el futuro (lo que debería suceder y lo que podría ser posible).

Con el Estilo de Percepción llamado Metas, usted se encuentra orientado hacia el futuro inmediato y centra sus acciones en la consecución de objetivos a corto plazo.

Usted considera el presente como una valiosa fuente de problemas y desafíos que deben abordarse y donde los resultados de esfuerzos recientes pueden medirse y evaluarse.

Le gustan los desafíos y oportunidades que plantean los objetivos a corto plazo, y aunque le intriguen las posibilidades a largo plazo, dedica poco tiempo a enfocarse en el futuro distante.

Usted ve tantas oportunidades en el futuro cercano que captan su interés, requieren su esfuerzo concentrado e inspiran a lograr, por lo que no necesita buscar oportunidades a largo plazo.

El pasado tiene poco o ningún interés para usted. Sabe que el pasado ha quedado atrás y que sus acciones no pueden tener ningún impacto en él.

Usted considera que reflexionar sobre decepciones y errores pasados es una pérdida improductiva de tiempo, por lo que no lo hace.

Su **Estilo de Percepción** llamado **Metas** es la razón por la cual usted:

- se enfoca en las nuevas posibilidades y desafíos que se presentan en el futuro cercano.

- evita rememorar el pasado, lo que fue o lo que pudo haber sido.

- considera el presente como un mapa hacia el futuro que guía sus acciones y esfuerzos.

- se siente cómodo enfocándose en objetivos a corto plazo y las acciones necesarias para lograrlos.

- utiliza la insatisfacción con el presente como un llamado a la acción.

- cree que el futuro a largo plazo estará lleno de desafíos a los que podrá atender cuando estén más cerca.

Reflexión sobre la Orientación del Tiempo

A continuación, presentamos algunos ejemplos que lo ayudarán a reconocer cómo se refleja su Estilo de Percepción llamado Metas en la forma como enfoca su Orientación del tiempo:

- Considere su lista actual de tareas pendientes. ¿Cuál es la fecha de objetivo más lejana en ella? ¿Cómo se correlaciona eso con los atributos descritos en la sección titulada *Orientación del Tiempo* anterior?

- ¿Cómo reacciona cuando las personas a su alrededor hablan de los 'viejos tiempos'? ¿Qué atributos de la sección anterior contribuyen a esa reacción?

Aspectos destacados de cada uno de los seis Estilos de Percepción

Ahora que ha descubierto más sobre su Estilo de Percepción, tomemos unos momentos para ver los seis Estilos de Percepción y cómo se relacionan entre sí.

Los seis Estilos de Percepción proporcionan experiencias claramente diferentes del mundo.

Estas diferencias, demuestran una profunda diversidad psicológica y perceptiva que es la diversidad más esencial que existe. Ayuda a explicar las diferencias en la forma que las personas piensan y actúan.

Los seis Estilos de Percepción describen la gama completa de la realidad perceptiva.

Todo el mundo tiene un Estilo de Percepción que es innato e inmutable. Su Estilo de Percepción está integrado en su ser y crece con usted a medida que se envejece y desarrolla.

Las experiencias a lo largo de su vida influyen en su expresión del Estilo de Percepción, pero no lo cambian.

Estudios científicos confirman que los seis Estilos de Percepción se distribuyen uniformemente en la población general, y no hay diferencia con respecto al género, raza o cultura.

Los seis Estilos de Percepción tienen fortalezas y desafíos únicos. Veamos algunos aspectos destacados de cada estilo:

Aspectos destacados de cada uno de los seis Estilos de Percepción

- **Actividad** – Las personas con el **Estilo de Percepción** llamado **Actividad** se lanzan a la vida de cuerpo entero. Se involucran plenamente con la confianza de que los detalles se resolverán por sí mismos.

  La dirección, ideas y actividades surgen como resultado de la acción constante y la participación con los demás y su entorno.

  Permanecen involucrados hasta que surge alguna nueva posibilidad o interés que capte su atención.

  Cultivan extensas redes de amigos y asociados.

  Comparten sus experiencias usando muchas historias, anécdotas y ejemplos.

- **Ajustes** – Las personas con el **Estilo de Percepción** llamado **Ajustes** ven el mundo como una realidad objetiva que se puede conocer si se toman el tiempo para recopilar información completa sobre sus complejidades y complicaciones.

  Se dedican a la adquisición y aplicación de conocimientos como base para su experiencia de vida.

  Disfrutan compartiendo sus conocimientos con otros y obteniendo nueva información de investigaciones o conversaciones.

  Ven una realidad objetiva, incluyendo complejidad y los efectos dominó.

  Son comunicadores cuidadosos y competentes que utilizan eficazmente los matices, el ingenio irónico y la precisión en el lenguaje.

  Tienen un fuerte sentido de la diplomacia y proyectan una certeza tranquilizante.

- **Fluido** – Las personas con el **Estilo de Percepción** llamado **Fluido** ven un mundo ricamente texturizado donde las piezas encajan y apoyan y dependen unas de otras.

Ven la compleja conectividad, aparentemente no relacionada, entre personas, entornos y situaciones.

Desarrollan y mantienen relaciones con gente poderosa a quien tratan con un toque personal para crear y mantener unidas comunidades de familia, amistades, compañeros de trabajo, organizaciones, etc.

Valoran la historia y la tradición y honran la continuidad entre el pasado, el presente y el futuro.

Se conectan fácilmente con otros resaltando los puntos en común y compartiendo ideas.

Confían en el flujo continuo de experiencias y creen que lo que es importante y necesario surgirá tarde o temprano.

- **Metas** – Las personas con el **Estilo de Percepción** llamado **Metas** ven un mundo en el que las posibilidades se combinan con hechos para crear objetivos que alcanzar, problemas por resolver y ventajas a aprovechar.

Poseen un sentido de urgencia y claridad de propósito.

Se pasan la vida enfocados en el logro de resultados específicos y objetivos bien definidos.

Evalúan todas las actividades basándose en su posible contribución hacia el logro del resultado esperado.

Son comunicadores fuertes y seguros que hablan con claridad y fuerza de opinión.

Son decisivos y expertos en mantener estructura en situaciones caóticas.

- **Métodos** – Las personas con el **Estilo de Percepción** llamado **Métodos** perciben un mundo sensible, lógico y fáctico, y su enfoque es racional y práctico.

Se enfocan en cómo se deben hacer las cosas y disciernen la mejor forma de hacerlo.

Saben que incluso la tarea más compleja siempre se puede dividir en una secuencia de pasos simples.

Creen que los hechos, cuando se presentan adecuadamente, hablarán por sí mismos.

Toman a las personas tal cual parezcan. Dicen lo que quieren decir y quieren decir lo que dicen y esperan que otros hagan lo mismo.

Su capacidad para ver la estructura e imponer el orden les permite ayudar a otros a funcionar frente al caos y la incertidumbre.

- **Visión** – Las personas con el **Estilo de Percepción** llamado **Visión** perciben el mundo como un lugar de infinitas posibilidades, lleno de opciones y oportunidades.

  Buscan oportunidades donde puedan tener un impacto, marcar la diferencia y dejar su huella.

  Se enfrentan a las realidades de una situación con serias intenciones, una perspectiva optimista que se encontrará una solución y la confianza en que siempre existe otras alternativas por explorar.

  Dependen de su intuición y toman decisiones rápidamente basándose en la información disponible.

  Funcionan bien con información incompleta y parcial y no necesitan todos los detalles para establecer un curso y participar en la acción.

  Son altamente persuasivos y fácilmente convencen e inspiran a otros a unirse a ellos.

.

Interacción entre Estilos de Percepción

¿Alguna vez ha escuchado a alguien decir: "Los opuestos se atraen" o "Los pájaros de una bandada de plumas se agrupan"?

Definitivamente hay algo de verdad en ambos dichos.

Pero también es cierto que los opuestos se repelen, y los pájaros de un mismo plumaje se aburren entre sí.

El Estilo de Percepción ayuda a explicar dinámicas interpersonales como la atracción y la aversión.

Lo que ve es real para usted, pero lo que otros ven es real para ellos. Todos usamos el filtro de la percepción para darnos sentido a nosotros mismos.

Existe una relación teórica bien definida entre los seis Estilos de Percepción.

Si pensamos en la realidad perceptiva como un gran círculo, entonces cada Estilo de Percepción tiene su propia "porción del pastel", como se muestra en la tabla a continuación.

Relación entre Estilos de Percepción

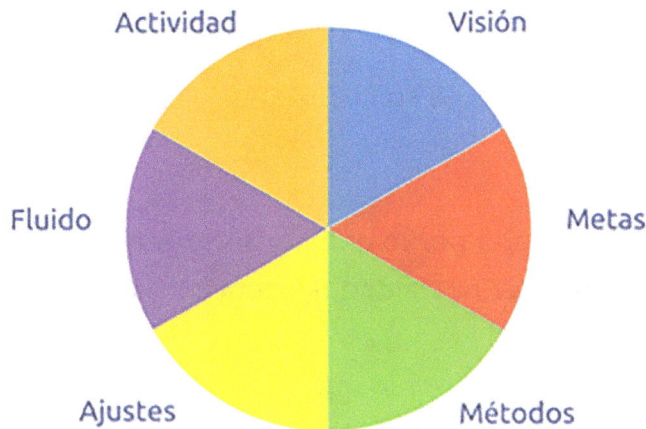

Notas del gráfico circular:

- No hay parte superior o inferior en el gráfico, puede girarlo de la manera que desee, pero los estilos siempre permanecen en las mismas relaciones.

- Los colores no tienen ningún significado, aparte de hacer que el gráfico se vea bonito.

Cada Estilo de Percepción tiene un Opuesto directo, dos Vecinos (uno a cada lado) y dos Saltando Uno (ni un Vecino ni un Opuesto). Aunque los seis son psicológicamente únicos, cada Estilo de Percepción comparte algunas similitudes con los estilos vecinos.

Cada estilo también es atraído y repelido por su estilo opuesto, y cada uno encuentra los estilos en que hay que saltarse uno para tocarlo algo desconcertantes.

Entonces, ¿Qué le significa esto cuando interactúa con otras personas?

Como era de esperar, su Estilo de Percepción llamado Metas es el núcleo de su experiencia con los demás.

A continuación, algunos aspectos destacados de lo que puede esperar cuando está interactuando con cada Estilo de Percepción:

- **Metas** con **Actividad** (Saltando Uno) – Se sentirá usted atraído por su elevada energía, su orientación hacia la acción y su amplia red de amigos y conocidos.

  Ellos se sentirán atraídos por su audaz autoconfianza, su sentido de urgencia y su claridad de propósito.

  Usted se sentirá frustrado por lo que percibirá como su falta de enfoque, su imprudencia y su constante necesidad de atención.

  Ellos se sentirán frustrados por lo que percibirán como su enfoque obstinado, su falta de conciencia sobre su impacto en las personas y su incapacidad para reírse de sí mismo y de sus peculiaridades.

- **Metas** con **Ajustes** (Saltando Uno) – Usted se sentirá atraído por su capacidad para comprender y trabajar con la complejidad y su enfoque sistemático.

  Ellos se sentirán atraídos por su habilidad para emitir juicios y opiniones instantáneas, su aptitud para trabajar bien bajo presión de tiempo y su capacidad para proporcionar una dirección clara.

  Usted se sentirá frustrado por lo que percibirá como su renuencia a avanzar y dar por terminadas las cosas, su obsesión por los detalles innecesarios y su preferencia por la cooperación en lugar de la competencia.

  Ellos se sentirán frustrados por lo que percibirán como su necesidad de soluciones simplistas para problemas complejos, su falta de tolerancia hacia la sutileza y la ambigüedad, y su constante espíritu competitivo.

- **Metas** con **Fluido** (Opuestos) – Se sentirá atraído por su actitud de cuidado y apoyo, su compromiso con la tradición y su habilidad para crear comunidad.

  Ellos se sentirán atraídos por su disposición para asumir responsabilidades, su capacidad para ir al corazón de un asunto y su voluntad de liderar dando el ejemplo.

Usted se sentirá frustrado por lo que percibirá como su preocupación excesiva por los sentimientos de las personas, su resistencia al cambio y su evitación de la competencia.

Ellos se sentirán frustrados por lo que percibirán como su falta de cuidado y preocupación por las personas, su gusto por la confrontación y su mentalidad de "solo los fuertes sobreviven".

- **Metas** con **Métodos** (Vecinos) – Usted se sentirá atraído por su capacidad para expresar sus posiciones de manera firme y clara, sin disculpas ni vacilaciones, su talento para imponer claridad y orden antes de avanzar, y su disposición para hacer las cosas de manera confiable y consistente.

Ellos se sentirán atraídos por su capacidad para mantener el enfoque y trabajar productivamente en entornos intensos, su talento para determinar lo que es importante y lo que no lo es, y su disposición para evitar involucrarse innecesariamente en cuestiones o personas.

Usted se sentirá frustrado por lo que percibirá como su resistencia a participar en conflictos y competencias, su incapacidad para tomar decisiones rápidas y su comportamiento constante y tranquilo.

Ellos se sentirán frustrados por lo que percibirán como su iniciación del cambio debido al aburrimiento con el statu quo, su falta de tácticas claras y repetibles, y su uso de la intimidación y la coerción para obtener lo que desea.

- **Metas** con **Visión** (Vecinos) – Usted se sentirá atraído por su enfoque estratégico, su iniciativa y su deleite en correr riesgos.

Ellos se sentirán atraídos por su perseverancia implacable, su disposición para respaldar decisiones con acción y su capacidad para distinguir lo que es importante de lo que no lo es.

Usted se sentirá frustrado por lo que percibirá como su desdén por ganar a toda costa, su preferencia por la influencia en lugar del control y sus cambios frecuentes y ad hoc.

Ellos se sentirán frustrados por lo que percibirán como su incapacidad para considerar enfoques alternativos, su constante necesidad de confrontar y debatir, y su necesidad de dominar en todas las situaciones.

- **Metas** con **Metas** (Espíritu Afín) – Experimentarán un vínculo casi instantáneo ya que se relacionarán rápidamente sin necesidad de explicaciones.

  Se encontrarán asintiendo en acuerdo e incluso terminando las frases del otro. Puede ser una experiencia emocionante.

  El vínculo que experimentan con alguien que comparte el mismo Estilo de Percepción puede ser tan fuerte que las diferencias entre ustedes tomarán más tiempo en reconocerse.

  Pero en algún momento, se sentirán frustrados y sorprendidos cuando las diferencias amenacen con la conexión aparentemente sin esfuerzo. Las experiencias de vida individuales crean las diferencias que cada uno de ustedes expresa en su Estilo de Percepción.

Todos somos amalgamas de nuestras experiencias de vida, Estilo de Percepción y específicos rasgos de personalidad.

La clave para entender las diferencias que usted encuentre con alguien que comparta su Estilo de Percepción es comprender que estas son expresiones individuales basadas en la experiencia de vida de cada uno y no son una traición personal.

Cuanto más se entienda a sí mismo, más entenderá sobre cómo y por qué se difiere de los demás. Se sentirá cómodo disfrutando de lo que hace mejor, aceptando a los demás por sus diferencias y valorando lo que esas diferencias contribuyen a su mundo.

¡Comencemos la Celebración!

Bueno, es hora de ir más allá del factor "y qué". Mejor dicho, "Todo esto es muy interesante, pero ¿y qué?"

Ir más allá del factor "y qué" es un desafío que requiere que usted haga más que simplemente leer la descripción de su Estilo de Percepción.

Aun cuando se hubiera identificado un 100% con las habilidades y comportamientos naturales de su Estilo de Percepción, si simplemente lo guarda en el archivo titulado "Lo volveré a ver algún día", no obtendrá el beneficio de usar y aumentar sus habilidades naturales.

Su Estilo de Percepción y Your Talent Advantage (La Ventaja que Aporta su Talento) son más que un simple ejercicio intelectual e incorporar sus habilidades naturales en su vida requiere un poco de trabajo de su parte.

¡Su Estilo de Percepción es real!

Su Estilo de Percepción no es solo un concepto psicológico entretenido, sino una parte fundamental de lo que es.

Ya sea que esté consciente de ello o no, su Estilo de Percepción impacta su vida a diario.

Hasta ahora, es posible que haya pasado por su vida cotidiana con poca o ninguna conciencia de su Estilo de Percepción. El desafío está en utilizar activamente el nuevo conocimiento que ha adquirido para empezar a hacer más de lo que mejor sabe hacer.

Usar la información de esta guía de acción para comprender su Estilo de Percepción es solo el primer paso.

El segundo paso es aceptar su Estilo de Percepción como parte de lo que es.

El tercer paso es aceptar su Estilo de Percepción haciendo un esfuerzo consciente para explorar las diferentes formas en que se puede expresar en su vida y descubrir los matices sutiles de las ventajas que tiene gracias a sus habilidades naturales.

Veamos cada paso con un poco más de detalle.

Primer paso: Comprensión

· El primer paso para aceptar quién es requiere entender su Estilo de Percepción y cómo se adapta a usted.

Es posible que todo lo descrito en esta guía de acción no le aplique en un 100%.

Debido a experiencias a lo largo de su vida, hay cosas que lo diferencian de otros.

Esta guía de acción ha sido diseñada para ayudarle no solo a aprender sobre su Estilo de Percepción, sino también para ayudarle a descubrir aquellos aspectos de la forma cómo los expresa que hacen de usted, una persona única.

Tómese el tiempo necesario para completar los ejercicios de reflexión, incluidos al final de cada sección de esta guía de acción. Le ayudarán a identificar su forma de expresar su Estilo de Percepción como parte de su comportamiento diario y así permitiéndole personalizar la información presentada.

Segundo paso: Aceptación

Una cosa es entender su Estilo de Percepción, pero otra muy distinta es aceptar plenamente lo que esto implica.

Cuando aprende por primera vez sobre su Estilo de Percepción, es emocionante a medida que se identifica con las habilidades, fortalezas y comportamientos que son naturales para usted.

Hay un tremendo poder en la validación personal que proporciona la experiencia de aprender su Estilo de Percepción. Muchos lo han descrito como la primera vez que se sienten verdaderamente comprendidos.

Entender que algo que usted siempre pensó cualquier persona seria capaz de hacer es en realidad una habilidad solamente suya es algo verdaderamente gratificante.

Pero, así como su Estilo de Percepción apoya una amplia gama de habilidades y comportamientos, cada uno de los otros 5 Estilos de Percepción también apoya su propio conjunto único de habilidades y comportamientos.

Es un hecho de la vida que nadie tiene la capacidad de dominar todas las habilidades que pertenecen a otros Estilos de Percepción. Simplemente estamos siendo fácticos, ya que hay límites a lo que cualquiera de nosotros puede dominar fuera de nuestro propio repertorio natural. Así somos los seres humanos.

No hay porqué entrar en pánico. A nivel conceptual, su primera reacción será que la noción de no poder dominar todo se siente muy limitante e incómoda. Después de todo, ¿no nos han dicho a todos una y otra vez que "puede lograr cualquier cosa que se proponga"?

Claro está que hay mucha verdad en esa afirmación, pero también hay un gran precio. Cuando se proponga a dominar habilidades que no están en su repertorio natural, podrá llegar a ser muy competente en ellas. Sin embargo, debido a que no son naturales para usted, lo desgastarán más rápido y le impedirán aprovechar toda la gama de sus fortalezas naturales.

Si está enfocado en adquirir habilidades asociadas con otros Estilos de Percepción, algunas de sus habilidades naturales se desvanecerán en el fondo y permanecerán inactivas.

Descubrirá muchas cosas por ahí que no querrá dominar de todos modos y encontrará un alivio al descubrir que esas cosas son habilidades naturales para otra persona, y no tendrá que hacerlas usted.

Por lo tanto, aceptar plenamente su Estilo de Percepción significa reclamar su capacidad natural y reconocer que hay habilidades y comportamientos para los cuales no tiene potencial innato.

Tercer paso: ¡Celebración!

La celebración se refiere al sentirse bien acerca de quién es y dónde encaja en el mundo. Es usar conscientemente sus habilidades naturales y perfeccionarlas hasta convertirlas en fortalezas.

Significa entender que no todo el mundo ve el mundo como usted, y eso está bien.

Es sentirse cómodo de que no puede hacerlo todo y aliviado de no tener que hacerlo.

Es aceptar cumplidos por lo que hace bien y reconocer la autosatisfacción al emplear sus habilidades naturales.

Es dejar de lado la necesidad de convencer a todos de que sean como usted y aceptarlos por lo que son. Porque si no fueran diferentes, usted no pudiera brillar tan intensamente gracias a sus fortalezas únicas.

Es explorar toda la gama y profundidad de su potencial natural.

¡Es hacer más de lo que mejor sabe hacer!

Tiene habilidades para las cuales posee un potencial innato que están esperando ser utilizadas.

¡Estas habilidades son fáciles para usted porque reflejan aspectos de quién fundamentalmente es! Claro, pueden requerir un poco de desarrollo, pero encontrará que los esfuerzos utilizados usando sus talentos naturales son productivos, significativos y gratificantes.

El Poder de su Percepción le permite elegir conscientemente hacer más de lo que mejor sabe hacer..

Use esta guía de acción para ayudarle a identificar lo que hace bien, realmente disfruta y sobre lo que otros a menudo le felicitan. ¡Entonces busque oportunidades para hacer esas cosas más a menudo!

El Poder de su Percepción le ayudará a explorar los aspectos únicos de sus talentos y dones permitiéndole llenar su vida con actividades y personas que le brinden alegría y satisfacción.

La vida es demasiado corta para no disfrutarla plenamente y lograr el éxito que se merece.

Sobre los Autores

Lynda-Ross Vega Lynda-Ross Vega ha estado fascinada, desde que era niña, con entender que hace funcionar a la gente. Su curiosidad por la diversidad humana y las formas de lograr que las personas se desempeñen en la forma más productiva la llevó a una carrera multifacética en las áreas de banca, tecnología y consultoría conductual.

Entre los cargos que ha desempeñado están incluidos: Ejecutiva de alto nivel, Empresaria, Propietaria de negocios, Consultora, Asesora Ejecutiva, Coach, Hija, Hermana, Esposa, Madrastra y Abuela.

Lynda-Ross es una experta en aprovechar el poder de la percepción para ayudar a las personas y organizaciones a implementar cambios, potenciar la colaboración y desarrollar el talento.

Lynda-Ross es una ávida lectora, entusiasta cocinera y fanática de la música. Le gusta caminar con su setter irlandés Kinsey, hacer ejercicio en su estudio local de barre, pasear con amistades y familia y disfrutar de vacaciones en los parques y en la playa.

Ella y su esposo, Ricardo, se retiraron de sus trabajos corporativos en 1994, formaron su propia empresa y todavía siguen viento en popa. En su tiempo libre, disfrutan pasando el tiempo con familiares y amistades, viendo fútbol de la Premier League (en realidad, casi cualquier nivel de fútbol), viajando, escuchando música, leyendo sobre la historia y presenciando obras de teatro en vivo.

Puede conectarse con Lynda-Ross en:
Website: https://thepowerofyourperception.com/portada
Linked In: linkedin.com/in/lyndarossvega
Instagram: https://www.instagram.com/lyndarossvega/
Facebook: https://www.facebook.com/descubraelpoderdesupercepción

Gary Jordan, PhD, posee más de 40 años de experiencia en psicología clínica, evaluaciones de comportamiento, desarrollo individual y coaching. Obtuvo su doctorado en psicología clínica del Colegio de Psicología Profesional parte de la Universidad de California-Berkeley en 1980.

Aunque siempre estuvo fascinado por las teorías de "tipos" y "estilos", Gary no encontró que ninguna de estas teorías integrara la experiencia interna con el comportamiento observable. Empezó a desarrollar una teoría práctica, útil y fiable una vez que presentó su tesis doctoral y continuando a lo largo de sus años de practica privada.

Gary es un experto en ayudar a las personas a entenderse a sí mismas y usar esos conocimientos para alinear sus acciones con su potencial natural.

Entre sus muchos pasatiempos e intereses, Gary es un instructor en Shaolin Kenpo que posee un cinturón negro en esa disciplina. Gary y su esposa Marcia, se conocieron cuando ella se inscribió en una de sus clases. Ellos disfrutan coordinando en trabajos paisajistas en su jardín, diseño de interiores y proyectos con muebles.

Puede conectarse con Gary en:

Website: https://thepowerofyourperception.com/portada

Linked In: https://www.linkedin.com/in/gary-jordan-ph-d-4475b011/

Facebook: https://www.facebook.com/descubraelpoderdesupercepción